CON GRIN SUS CONOCIMIENTOS VALEN MAS

- Publicamos su trabajo académico, tesis y tesina

- Su propio eBook y libro - en todos los comercios importantes del mundo

- Cada venta le sale rentable

Ahora suba en www.GRIN.com y publique gratis

Bibliographic information published by the German National Library:

The German National Library lists this publication in the National Bibliography; detailed bibliographic data are available on the Internet at http://dnb.dnb.de .

This book is copyright material and must not be copied, reproduced, transferred, distributed, leased, licensed or publicly performed or used in any way except as specifically permitted in writing by the publishers, as allowed under the terms and conditions under which it was purchased or as strictly permitted by applicable copyright law. Any unauthorized distribution or use of this text may be a direct infringement of the author s and publisher s rights and those responsible may be liable in law accordingly.

Imprint:

Copyright © 2015 GRIN Verlag
Print and binding: Books on Demand GmbH, Norderstedt Germany
ISBN: 9783668643307

This book at GRIN:

https://www.grin.com/document/389079

Julian Torres Roa

Teoria de los juegos y la comunicación estratégica

Comunicación estratégica aplicada

GRIN Verlag

GRIN - Your knowledge has value

Since its foundation in 1998, GRIN has specialized in publishing academic texts by students, college teachers and other academics as e-book and printed book. The website www.grin.com is an ideal platform for presenting term papers, final papers, scientific essays, dissertations and specialist books.

Visit us on the internet:

http://www.grin.com/

http://www.facebook.com/grincom

http://www.twitter.com/grin_com

Teoría de los Juegos

Comunicación Estratégica aplicada

Julián Torres Roa
MSc. Ciencias Políticas
Ba. Comunicación Social & Periodismo

Contenido

1. Antes de empezar 3
2. Teoría de los Juegos 4
3. BIBLIOGRAFIA 9

1. Antes de empezar

Al trabajar en campos como el de la comunicación, nos enfrentamos a un amplio espectro de definiciones y usos que le podemos atribuir. Es importante (y sabio) partir del hecho que es un tema en donde no podemos darle una razón absoluta a una u otra teoría; puesto que estas responden a necesidades concretas en áreas especificas, y a las cuales desde mi concepto sólo podemos criticar (en el mejor sentido de la palabra) para mejorar o reemplazar sus modelos con base en su aplicabilidad en situaciones concretas.

La comunicación es tan compleja como los actores que la llevan a cabo. No se tratan de actos y actores estáticos sino que, al contrario, se desarrollan inmersos y afectados por "interacciones en procesos en los que el dinamismo es constante"[1].

Aventurarse a tomar de guía sólo una teoría para orientarse en el estudio de la comunicación (dentro de las disciplinas de las ciencias sociales) como vehículo de interacción entre seres en constante cambio, resulta inaplicable debido a la complejidad en que nos encontramos inmersos y la constante reformulación de nuestro actuar como seres activos en nuestro entorno y en constante evolución[2].

Estos primeros párrafos los tomo como base para comenzar el análisis de lo que propone la *Teoría de lo Juegos*[3] y el pensamiento estratégico como enfoques para la aplicación de la comunicación. Partiendo de la definición de *Pensamiento Estratégico* propuesta por J*avier Herrero Martín y Juan Ignacio Piñeros*[4], en donde se describe como la "posibilidad de plantear de manera anticipada situaciones para establecer criterios de valor sobre las diferentes alternativas de acción y ponerlos en relación con los resultados posibles", propongo el análisis de la comunicación, bajo esta perspectiva, en 2 escenarios diferentes de desarrollo, la

---

[1] Bonil, J., Sanmartí, N., Tomás, C., & Pujol, R. M. (2004). Un nuevo marco para orientar respuestas a las dinámicas sociales: el paradigma de la complejidad. *Investigación en la Escuela*, 53(5-19).

[2] (BIS) Bonil, J., Sanmartí, N., Tomás, C., & Pujol, R. M. (2004).

[3] Navarro, J. P. (2003). *Teoría de los Juegos*. Pearson educación.

[4] Pinedo, J. I., & Martín, J. H. (2005). Pensamiento estratégico, teoría de juegos y comportamiento humano. *Indivisa: Boletín de estudios e investigación*, (6), 37-42.

comunicación dirigida a informar (tipo periodístico), y la comunicación para gestionar (tipo organizacional).

2. Teoría de los Juegos

Para empezar, me apoyo en los elementos propuestos por la *Teoría Matemática de la Información*[5] como aquellos factores fijos que intervienen en el proceso comunicativo, y los relaciono con la tesis central del Interaccionismo Simbólico en donde se describe a la comunicación como la "base de toda relación e interacción social"[6]. Es decir, un proceso de intercambio de información en donde sólo se podrá considerar como "comunicación" en tanto exista una retroalimentación de la información enviada.

En esta medida, en nuestro haber profesional los comunicadores buscamos desde nuestra área del conocimiento el entendimiento de las dinámicas generadas a partir de los vínculos y relaciones que se generan entre los seres humanos (entre ellos y con su entorno) para la generación de conocimiento y pensamiento (Bonil, J., Sanmartí, N., Tomás, C., & Pujol, R. M. (2004); una labor que va más allá que la transmisión, difusión o elaboración de información.

Dentro de este panorama, resaltan dos de las tres ramificaciones de nuestra materia que, a título personal, considero son las que se encuentran siendo aplicadas en el ámbito empresarial: la comunicación de prensa o periodística (dentro donde se encuentran reportería, crónica, locución y demás saberes que se involucran con los medios masivos de comunicación tradicionales y nuevos), y la comunicación organizacional o de organizaciones (entendidas como comunicaciones internas, externas, relaciones públicas etc.).

Una tercera que vale la pena mencionar, más no como sujeto de análisis para este escrito, es la comunicación como objeto de investigación académica. La dejo por fuera ya que, más allá de la pretensión de buscar ser ejecutada, como se pretende desde el enfoque de la Teoría de los

---

[5] Shannon, C. E., Montes, S., Weaver, W., Machado, T. B., & Pérez-Amat, R. (1981). *Teoría matemática de la comunicación.*

[6] Rizo, M. (2004). El interaccionismo simbólico y la Escuela de Palo Alto. Hacia un nuevo concepto de comunicación. *Portal de la Comunicación.*

Juegos, esta busca la ampliación de su espectro de entendimiento como campo del conocimiento, antes que la predicción de acciones de manera anticipada para lograrlo.

Haciendo una diferenciación entre la comunicación de prensa y la de organizaciones, podemos encontrar dos fines diferentes en el desarrollo de sus acciones: la primera pretende informar y mientras que la segunda gestionar relaciones.

Con base en el contenido propuesto en el texto "Pensamiento estratégico, teoría de juegos y comportamiento humano", encuentro viable la aplicación del pensamiento estratégico como guía en la elaboración de tácticas para la ejecución de los trabajos, más sin embargo, no como método para la elaboración de estrategias de comunicación.

La planeación para la consecución de un futuro deseado, nos permite elaborar una serie de acciones, actos u tareas en aras de ejecutar las más adecuadas para disminuir los niveles de incertidumbre frente a una situación de la cual no disponemos de certeza. En este sentido, encontramos ejemplos en comunicaciones de tipo periodístico cuando, por ejemplo, se prepara una serie de preguntas para una rueda de prensa.

Asumimos que el futuro deseado en esta situación es lograr informar respecto a lo dicho en la rueda de prensa. Sin embargo, si dentro de la dinámica de la misma se tiene la oportunidad de entrevistar al interlocutor, se puede hacer uso de las preguntas preparadas con anterioridad y se puede lograr complementar (por así decirlo) la labor del periodista consiguiendo una información adicional para difundir.

De la misma manera, en la comunicación de las organizaciones se pueden realizar planes de comunicación de emergencia en el caso que se presente alguna contrariedad en el desarrollo de las labores de una empresa. Si, por ejemplo, ocurre un accidente laboral, el cual fuese estudiado con anterioridad debido a los niveles de riesgo que dicha labor conlleva, la empresa está en capacidad de gestionar desde la comunicación entre las partes, una solución que resulte beneficiosa tanto al trabajador como afectado, como a la empresa responsable de su seguridad laboral.

En ambos casos, vemos como el pensamiento estratégico permite la formulación anticipadas de acciones (tácticas) que permitan llegar o sortear obstáculos entre el estado presente y el estado futuro. A su vez, dichas acciones han sido elaboradas dentro del marco de contextos limitados y situaciones altamente parametrizadas, lo que permite que cumpliendo determinadas condiciones, sean ejecutadas y garanticen en alguna medida un grado de éxito.

Sin embargo, considero que este tipo de pensamiento a nivel estratégico desde la comunicación resulta altamente difícilmente aplicable. Como mencione antes, para que las tácticas (elaboradas a partir del cálculo de probabilidad) sean factibles, deben cumplirse ciertos parámetros específicos para que puedan ejecutarse (un sistema cerrado).

Si aplicáramos esta misma lógica en el tiempo presente, que es cuando la comunicación sucede (tanto de prensa como de organización), bastaría con que uno de los elementos del contexto, de las personas o del espacio geográfico cambie, para que nos viéramos en la obligación de reformular toda la estrategia. Y es altamente posible que esto suceda, puesto que tanto el contexto en donde se desenvuelve la comunicación como los sujetos son dinámicos, se encuentran propensos a cambiar /variar en cualquier momento influenciados por cualquier factor (y a su vez, influenciando sobre otros factores provocando una reacción en cadena)."El aleteo de las alas de una mariposa se puede sentir al otro lado del mundo"[7].

Esto sucede debido que, a diferencia de un sistema cerrado predecible, el ser humano (principal y necesario actor de la comunicación) es un sistema abierto y viviente. En palabras del Rafael A. Pérez, los humanos en toda su complejidad son *"un sistema global de conexiones cualitativamente determinado, inter-relacionado en todos sus elementos y sub-sistemas[8]"*. En esta linea de ideas, el pensamiento estratégico (u estrategia de comunicación) no podría ser exitoso bajo parámetros cuantitativos exactos y cerrados, puesto que el actor principal de la comunicación se mueve a partir de parámetros cualitativos abiertos y no siempre razonables.

Con este argumento me animo a objetar el sistema de la Teoría de los Juegos como un mecanismo estratégico para el análisis de las situaciones por venir, en cuanto a las dinámicas

---

[7] Balandier, G. (1989). El desorden: la teoría del caos y las ciencias sociales: elogio de la fecundidad del movimiento. Gedisa.

[8] PÉREZ, Rafael A. Estrategias de Comunicación, Capítulo 8 pág. 248 – 287. Barcelona – España (1a Edición 2001 - Quinta impresión 2012).

comunicaciones se refiere Sin embargo, aclaro que lo considero importante como mapa guía en la elaboración de tácticas.

Por las razones antes mencionadas, optaría por la aplicación de un sistema de carácter cualitativo para analizar y destinar la complejidad de una situación (y de sus actores) antes que un sistema matemático que pretenda analizar y predecir situaciones mediante cálculos.

En un ejemplo de comunicación de prensa, ante la presentación de una situación que simboliza un alto riesgo en el caso que sea informada a la audiencia (que pudiera producir pánico) y que se encuentre en desarrollo e inconclusa, la habilidad de una persona con experiencia y con un alto sentido de percepción del problema resultará más conveniente para la toma de una decisión que la reducción del problema y una acción reactiva elaborada a través de un calculo matemático de la Teoría de los Juegos.

En el caso de la comunicación para organizaciones funciona de manera similar. Si en determinada ocasión se tuviera que evacuar una locación debido a un riesgo inminente de los trabajadores, la tarea de evacuación puede ser dirigida con mayor éxito por una persona con determinadas características físicas y experiencia comunicativa para coordinar la salida ordenada y coordinada de los trabajadores, antes que, en una decisión predefinida, se opte solamente por informar por distintos altavoces de los pasos que se deben seguir en esta situación.

No obstante, considero interesante la combinación de fuerzas entre los dos tipos de pensamiento estratégico para el desarrollo de una comunicación estratégica; enfocándome a través de un análisis cuantitativo para la elaboración de la estrategia, y un análisis matemático para la elaboración de sus correspondientes tácticas. Tanto la primera como una herramienta para la interpretación de los sistemas complejos y sistémicos que requieran un alto grado de reflexión, y la segunda para la predicción de escenarios posibles, cerrados y concretos, que requieran de acciones reactivas de respuesta inmediata.

Concluyendo, el pensamiento estratégico desde la óptica de la *Teoría de los Juegos* y aplicada a la comunicación, resulta como una herramienta útil para el diseño de tácticas que buscan responder a situaciones concretas y delimitadas, con bajos niveles de incertidumbre y de la cual se puedan predecir soluciones sin la necesidad de información abundante.

La estrategia de comunicación debe encontrarse en capacidad de analizar y gestionar la complejidad en la que se encuentran envueltos los actores, y lo bastantemente flexible para poder afrontar situaciones inesperadas, con altos niveles de incertidumbre y con información escasa.

La comunicación estratégica es el resultado de la formulación de una estrategia de carácter cualitativo-reflexivo que analice las interacciones contemplando además de los actores, su contexto y complejidad, y la elaboración de tácticas de carácter cuantitativo-reactivas capaces de reaccionar frente a situaciones predecibles con bajos niveles de incertidumbre.

3. BIBLIOGRAFIA

- Bonil, J., Sanmartí, N., Tomás, C., & Pujol, R. M. (2004). Un nuevo marco para orientar respuestas a las dinámicas sociales: el paradigma de la complejidad. *Investigación en la Escuela*, 53(5-19).

- Navarro, J. P. (2003). *Teoría de los Juegos*. Pearson educación.

- Pinedo, J. I., & Martín, J. H. (2005). Pensamiento estratégico, teoría de juegos y comportamiento humano. *Indivisa: Boletín de estudios e investigación*, (6), 37-42.

- Shannon, C. E., Montes, S., Weaver, W., Machado, T. B., & Pérez-Amat, R. (1981). *Teoría matemática de la comunicación*.

- Rizo, M. (2004). El interaccionismo simbólico y la Escuela de Palo Alto. Hacia un nuevo concepto de comunicación. *Portal de la Comunicación*.

- Balandier, G. (1989). El desorden: la teoría del caos y las ciencias sociales: elogio de la fecundidad del movimiento. Gedisa.

- PÉREZ, Rafael A. Estrategias de Comunicación, Capítulo 8 pág. 248 – 287. Barcelona – España (1a Edición 2001 - Quinta impresión 2012).

CON GRIN SUS CONOCIMIENTOS VALEN MAS

- Publicamos su trabajo académico, tesis y tesina

- Su propio eBook y libro - en todos los comercios importantes del mundo

- Cada venta le sale rentable

Ahora suba en www.GRIN.com
y publique gratis